아버지는 여장을 하고

박재연 시집

시인동네 시인선 095

박재연 시집

아버지는 여장을 하고

시인동네

시인의 말

번성한 칡넝쿨이 도로변으로 기어 나와 구렁이처럼 발목을 휘감는다.

그 곁에 하루만 서 있으면 초록에 감길 것이다.

풀에게 지느니 초록이 되고 싶다.

칡꽃 향기를 풍기고 싶다

2018년 8월

박재연

차례

제2부

제1부

지옥편

지옥이 어떻게 생겼나,
여기 산 사람 징역 사는 거랑 똑같겠지?
죽어서두 그렇게 살믄 안 되는데
내 생각에는 죄 안 진 거 같은데,

모르지

남의 생각은 어떤지

심판은 누가 할래나
염라대왕이 할래나?

잘못한 건 없는 거 같은데
남한테 해롭게 해야 가겠지?

난 죽으믄
어딜 갈래나?

수건

—닦을 수건이 없구나!
—국회 꺼래두……
제사 전날 꿈에 오신 어머니 수건을 찾으신다.

해몽이 어려워 규우당(圭愚堂)*께 여쭈니 은유가 아니라 직역이라 일러준다.
오전 내내 이 방 저 방 드나들다 반짝 스치는 생각

아들애의 화장실 수건장에, 내가 드렸던 어머니 수건이 그득하다. 직장 다닐 때 행사 때마다 모은 수건을 보냈더니, 장롱에 넣어 아껴둔 걸 다른 물건은 다 태우면서 그걸 다시 가져왔네.

사후세계는 정말 있는 걸까?
미래로 가시더니 분명해지셨잖아

일곱 장은 많고 다섯 장을 골라 남은 유품과 같이 태운다.
어머니의 젯기장**, 불교 경전, 천주, 아들애가 보낸 편지 묶

음, 모두 태운다.

…외할머니! 여기는 차가운 바람이 씽씽 불고 흰 눈이 내려요.

…어머니! 거기도 바람이 불고 눈이 내리나요?

당신 제삿날
먼 길 오시느라 세수하고 몸단장하시는 어머니
꿈의 은유를 직유로 바꾸신 분

오늘은 살랑 바람이 불고 흰 구름이 빨리 가네요.

---

* 한규우 작가.
** 메모지.

세상의 기원

엄마!
그래 나간다

세상으로 나온 문이 집에 있다
태초의 경전이 집에 있다
가슴이 뛴다

마음 놓고 어머니를 부를 날이 많지 않다
그날이 많지 않다는 걸 감(感)으로 안다

엄마!
현관문을 열어주며 환히 웃는
호물때기 골짜기

나의 경전
나의 기원

엄마가 문을 열어준다

마음 놓고 소리친다
엄마—

옥상

저 산을 몇 개나 넘어야 강릉에 가닿느냐?

강릉을 떠나온 어머니
아침을 드시면 옥상으로 올라간다
점심을 드시면 옥상으로 올라간다

막내가 사는 강릉 하늘

옥상의 간이의자에 앉아 해종일 창공바라기
바람이 씨원두 하구나!
휑휑 돌아 댕기네

빨래를 들고 옥상으로 올라가면
재개발지역 우산아파트 단지를 가리키며

저런 데는 칸칸이 사람이 사느냐?
다 제저끔* 사느냐?
밴단지** 뭘 먹구 사느냐?

사람두
사람두
숱하기두 하구나

---

*제각기.
**아무것도 없는데.

폭우

아버지 제삿날
머리를 단정히 빗는데
바깥 의자에 앉아 비 구경하던 어머니

—비 올 적에 머리 안 빗는단다
—왜요?
—부모상 만나서 비가 온대

어머니 묻는 날 폭우가 내렸다

어머니는 어디로 흘러갔을까?

호기심

귀를 파면 왜 지침이 나오지?
콜록
왼쪽은 괜찮은데 오른쪽이 지침이 나네
콜록
어머니는 코가 빨개지고
눈물을 찔끔 흘리며 기침을 하신다
콜록
어디 또 해봐야지
콜록
오른쪽 귀를 후비며
콜록
아무리 후벼봐야 모르실걸
콜록

입춘 통화

뭘 하구 인냐?
놀아?
땅이 얼었어?
여긴 안 얼었는데
여긴 논두 읎써
밭두 기냥 밭이야
어트게 추운데 식구들은 다 잘 인?
몸은 아푼 데 읎써?
왜 그러케 만날 아푸니
난 아직 되우 아푼 덴 읎써.
여기다 아푸기까지 하믄,
오두가두 못하구 그걸 어트게 겐?
병두 달레들었다가 떨어졌다가
사는 눈치를 보잔?
젙에 있으믄 오곰팽이에다 뜸이라두 떠줄걸,
뜸이 젤인데
오줌 누는 게 시원찬?
옥시기 수염을 말렜다가 대레서 장복하믄 소암*을 보는데

새복에 갑짝시리 일어나지 말구
몸을 좀 움직기리다 일어나라마
개들두 지지개를 켜구 일어나잖?
오랖뜰에 풀이래두 좀 뽑구
돌아 댕길 때가 있으믄 좋겠구만
여기! 말짱 시멘트 공구리 맨바닥이야
흘기 읍써
살던 데가 눈에 번하구만

---

*효과.

택호

우리 집은 배나무 집이야
나 시집올 때까정 그 배나무가 있었어
하 늙어 딱지가 앉았는데
할아부지 방문 앞에 떡하니 살아있었지

우리 작은집은 굴양밭 집이야
그 할머니가 굴양밭에서 시집을 왔거든
양구서 서화로 넘어가는 고갯마루에
굴양밭이 있었다나

느네는 서화서 살다 왔대서 서화집이야
가운데 작은집은 삽작골서 살다 나왔대
그래서 삽작골 집이지

배나무던지 굴양밭이던지 삽작골이던지
그중 인물이 잘나구 큰 걸루다가
사람에게 갖다 붙였지

이를테면 별호지 뭐

요즘덜은 왜 별호를 안 부르지?

느 집은 저 앞에 목련나무가 섰으니
그걸 갖다 붙이라마

목련나무 집!
괜찬쿠만

빗소리는 웅웅웅

종일 봄비 내린다

엄마! 저 빗소리 좀 따라해 봐
나는 적 부치는 소리로 들리네

여물어지게두 안 나구 웅웅대잖아
똑딱이두 안 나구 사방 울리는데 뭐

내 귀에는 짜작짜작 들리는데?

아니야
전체가 다 울려

어머니 일어나 창문을 열어보고

아이구!
쭈룩쭈룩 막 떨어진다 야

엄마가 한 말 다 받아 적었어

그걸 어디다 쓸라구
엄마 돌아가시면 시집 낼라구

으하하…… 내 말이 시(詩)가 돼?
그럼 너끈히 되지

내 귀에는 아직도 빗소리가
짜작짜작
어머니 귀에는 여전히 빗소리가
웅웅웅

배나무 집 큰 여식

살짝 치매가 도지는 어머니가 뒤란 문을 열자,

골목 끝에 천덕꾸러기 목련이 윗입술을 비죽 내밀고 봄비 맞는다.

어머니도 아랫입술을 비죽 내밀어 지시랑 물 봄비 맞는다.

합이 잘 맞는 늙은 목련 둘

손목을 부여잡고 배나무 집 본가로 들어간다.

열여섯 살까지 어머니가 살던 배나무 집

생시같이 작은할아버지 작은할머니가 어머니를 보자 고무신을 끈다.

할아버지 사랑에 고쿨불이 당기고 창호 문살에 불 그림자 어른거린다.

얄개목골집, 역골집, 작은얼떡집, 큰얼떡집, 삽작골집, 굴양밭집, 서화집 모두 배나무 집 사랑으로 모여들어 얘기꽃 피운다.

할아버지 방문 앞에 택호를 내걸고 인물값을 하던 돌배나무는 어디 한 군데 아픈 곳 없이 오래오래 돌배를 매달았던

모양이다. 참 오랜만에 배나무 집 큰딸이 돌아왔다며 진흙을 개어 외얽이를 엮고 지경을 다지고 이마받이 하며 어머니를 맞는다.

지시랑 물 찰랑찰랑 두드리고
늙은 목련 둘 배나무 집으로 들어가고
천지사방 웅웅웅 빗소리 친다.

인홍상회

이모는 나이 적구
인홍상회 집은 나하구 동갑이구
산 사람 중에는
인홍상회 집하구 나하구만 남았는데,
그 집이가 아들이 둘인가 셋인가, 그런데 상구 장갤 못 갔으니
갔겠지 시방은?
그 이네는 딸네가 치송*을 다해
딸네가 인홍상회를 하니
가끔 용채**두 주구 가구
용에이꺼리***두 해다 바치구
어디 아프다믄 뚜루루 와 보구
팔자 폈지 뭐
송방****을 열믄
손님이 하루 여나믄만 되두 먹구 살지?
시방 덜은 장리쌀두 안 내 먹구
근근이 먹구덜은 살아
놓고 노는 집은 읍써

송방 하나 채리믄
사는 데 지장 없을 거야

---

* 늦바라지.
** 용돈.
*** 군것질꺼리.
**** 가게.

하늘에서 오는 꽃가마

이 죽는 게 무엇인가?

작은집 증조할머이 사위가 사주쟁이인데
누가 봐 달라구 말하기 전에 다 봐줘
저 사람은 입이 가벼워, 그래두 못 고쳐

날더러는 늦게 재취를 줘야 팔자가 맞다는 걸
생생한 데를 왔으니 느 아부지가 빨리 갔나?

사람이 또 안 죽으면 그걸 다 뭐하겐?
거미귀신들이 엉크렇게 기어 댕기믄
보는 세상이 숭하지

죽는 건 잘하는 거야
인제야 뭐, 죽는 게 가찹지

살아서 싸우구 어째구 하지 않았으니
가두 의가 좋겠지?

느 아부진 너무 일찍 갔어

왜 자꾸 죽는 생각을 해
죽는 일이 가차이 와서

하늘에서 꽃가마가 온다고 했잖아
그냥 사뿐 발을 집어넣으면 돼

우하하하…… 하늘로 시집을 또 가냐?
나쁜 짓은 안 할라구 그랬지만
가마를 두 번 탄대면야 재취는 재췰세

유심

인제 군수 이순선 씨 얼굴이 나온 문예지를
어머니가 슨슨히* 넘기신다

뭘 그렇게 보실까?

외갓집 아저씨가 나왔나 하구

남면 면장두 하구
군청에 댕겼잖아

상구 댕기나 하구

---

* 천천히.

큰 거짓말

야! 죽는 게 궁금하다
만구에* 어째라는 건지 당최 모르겠다

아마 꽃가마가 당도할걸?
보고 싶은 사람들이 나래비**로 죽 서서 가마에 태우고 구름위로 사뿐 날아갈 거야

으하하하…… 그렇다면야 오죽 좋겠냐

그렇다니까, 내 말을 믿어요

어머니 떠나실 때
압축파일 주머니에 큰 뻥 하나 넣어드렸다

---

*도대체.
**두 줄로.

밭머리에 묻힐까?

나 죽으면 화장할라나?

뜨거운 생각을 하믄
그냥 갔다 묻을까?

공동묘지로 가지 뭐
공동묘지도 사야 돼

그럼 밭머리나 갖다 묻지 뭐
밭머리면 눌러 산이야

죽을 적에 유언하면 들을까?

그냥 묻어다와!

그러면 들겠지?

펀치볼 가서 감자작업 할 땐, 하루 품삯이 이만오천 원씩

했는데, 짐을 많이 맨 거루 봐선 손이 고운 심이지
살집이 이렇게 퉁퉁하니 쉬 안 죽겠네

바다에 불이 났다

살짝 치매가 온 어머니와 바다를 보러 갔다.

부끄럽게시리
사위가 장모님을 안아 내리자
아구아구
움츠리신다.

방파제 아래 돗자리를 깔고 즐겁게 새우깡을 먹는다.
소주도 마시고 오징어도 먹는다.

야, 바다에 불이 났다!

별안간 해무가 밀려오고
삽시간에 가득 차는 바다 연기
횟집을 지우고 수영객을 지우고
여기를 모두 지운다.

무서워하는 할머니를

딸애가 뒤에서 꼭 안아 두 눈을 가려주며

할머니! 나 누구게?
소라지.
어머니가 바다 식구를 불러오자
짠!
푸른 물결이 대답했다.

타임머신, 알츠하이머

어머니는 눈치와 불편의 거처를 털고
꽃피던 어린 날로 건너가셨다

까무룩한 나비
햇살과
빗방울
웅뎅이 짓과
눈부신 하늘을
저장한다

까맣고 예쁜
둥근 파일

봄이면
갖가지 꽃씨들
압축파일을 열어
화면 가득
활짝 핀 날씨만 골라

저장한다

눈치와 불편을 털어내자
지상에서 가장 편안한 캡슐이 되었다

창경(窓鏡)

누에를 치던 방
문풍지가 부부 울어대는 창경(窓鏡)*이 달린 아랫목
어머니 옛날 잠을 주무신다.
해가 나절가웃**으로 기울도록 깨어나지 않는 노구,
방문을 열자
누에 몸을 돌려 실눈을 뜨고 성냥을 찾으신다.

—어둡기 전에 호야를 닦고 쇠죽을 끓이라마.
—너는 덜퉁해서*** 호야를 잘 깨잖?
—짚수세미로 살살 돌려 닦아 등잔에 불을 달아라.

사자(死者)가 두 번 다녀가고
누에잠을 자는 동안 어머니 창경 안으로 멀어졌다.
명주실 같은 말을 뽑아
끊어질 듯 이어지는 입말을 감는다.

—저승길이 어떻게 생겼나, 가는 길이 생생한 델 가야 하는데……

—가는 길이 환하게 손톱에 봉숭아물을 들여 줄까?
—귀는 솔깃하구만, 부끄럽게 꽃물을 들이냐.

어머니 꽃잠의 하품을 하는 동안
창경 안쪽으로 슬그머니 반웃음이 멀어진다.

---

*창문에 단 유리.
**하루 낮의 4분의 3.
***실수를 잘해서.

예닐곱의 행성

우리 할아버지 안 돌아가셨지?
작은어머이는?
삼촌은?

다 돌아가셨어요.

그럼 아무도 읎짜나?

어머니는 세상의 처음에 당도했다.
지구별에 갓 입성했다.
살아온 기억은 다 잊고
예닐곱*이 되었다.

어머니는 왜 신혼조차 잊었을까?
아조 다 잊지는 않고
자식내이** 한때를
간간이 떠올리다
죽은 조상의 안부를 산사람처럼 묻는다.

내 안에 내재된 많은 조상의 유전자들
나에게도 지금을 잊는 날이 올까?
무진 애를 써도 잊히지 않는 일
거짓말처럼 잊는 날이 올까?

---

* 여섯이나 일곱쯤.
** 출산 시기.

그 산은 상구

재수있는 사람은 산삼을 캐는 고개가 있어

작은어머이는 거기 가서 정성을 들여 삼을 캤는데 삼 한 뿌리를 팔아서 쌀을 한 가마 샀다나

큰 산이야

고개를 넘어갈 때는
서낭에
돈두 놓구,
쌀두 놓구,

큰 산에 가보구 싶네

고개를 넘어 강 여가리루 가서 배를 타구 기린으루 들어가구, 귀둔으루두 가구, 영 넘어루두 가구, 사방 가지

난 여태 못 가본 데가 많아,
그 산이 본래대로 있으믄 못 가본 델 다 가보구 싶네

바람 가는 데, 구름 가는 데, 다 가보구 싶네

이제야 뭐
일어슬라믄 오곰팽이 더르르 떨리구, 고뱅이 삶은 고깃뎅이 같으니
다 글렀지 뭐

그 산은 상구 잘 있을라나?

육십만 됐어두

육십만 됐어두
공부나 한번 물리두룩 해봤으면 좋겠다 야

다시 한 번 오셔요
유학두 보내줄게

어떻게 난 줄 알구?
손금에 이름을 쥐구 오지

영국이 좋을까?
프랑스가 좋을까?

우하하……
그게 말대로 되믄 세상 안 되는 게 읎겠따

내생에 다시 오면
박사 한번 해보셔

대상포진

대상포진 상처가 가슴에 띠를 두르면 죽는다는 설이 있다.

강릉 사는 동생이 포진의 상처가 반 띠를 두른 어머니를 모셔왔다. 등에서부터 겨드랑 주변을 맴돌다 오른쪽 젖가슴을 휘돌아, 한바탕 통증의 홍수가 휩쓸고 지나간 흔적이 쓰나미 같다.

소파에 앉아 혼몽하게 조는 어머니

방에 들어가 주무시라고 깨워도
꿈인지 생시인지 모르겠는 얼굴

—칼로 째드시 아프니, 요길 좀 도려냈으면 좋겠구나.

간신히 칼날을 재우는 시간,
통증이 깨어날까
가만히 스웨디를 덮어드린다.

가슴 사리

기독병원 내과에 내원한 어머니, 엑스레이 사진을 보던 의사가 눈 둥그렇게 뜨고 혹시 독실한 불자(佛子)시냐고 묻는다. 고승한테서나 나오는 사리가 가슴께에 있다며 사진을 보여준다. 통증과는 무관한 가슴 사리가 다섯 개나 여섯 개쯤 된다고,

고행을 공부로 풀었던 어머니의 고승 열전 영화가 급하게 필름을 되감는다.

부끄럼을 잘 타는 엉덜멍덜한 손금을 펼쳐본다.

다음 생에는 제 증손으로 오세요. 딸애가 다닌 영국 유학도 보내드리고 원 없이 공부시켜 드릴게요. 세계적인 패션디자이너가 되세요. 명성을 날리세요. 그렇지만 키만큼 읽으신 저 경전은 어쩌나? 눈독이 들어 나달나달 해진 경전, 큰스님 법문 테이프 다 어쩌나?

까막눈의 공부가 깊어 사리를 품은 어머니, 동이족의 윤회

설에는 집안의 증조나 고조부 항렬의 조상신들이 그 집안의 자식으로 온다고 읽는다. 공부가 소원이시니 다음 생에 오시면 공부 많이 시켜드릴게요.

골목이 그늘었구나

심심한 어머니 뒤란 문을 열고 밖을 보다가
—골목이 벌써 그늘었구나!

팔순에 아홉수가 걸린 어머니가 입말을 풀자
흠칫 몸을 떨던 바람이
어머니를 따라 들어와 상큼하게 후르르 추위를 턴다.

—속이 굽굽한데* 우리 조차떡**이나 궈 먹으련?

화롯불에 구멍쇠***를 얹고 싸리나무를 건너지르고 밀을 발라 굳은 조차떡을 얹으면 싸리나무 진내가 조차떡에 배어 들어 올록볼록 고소하게 부풀어 올라 생침을 쿡쿡 치는 그 맛을 어디서 불러오나

그늘은 골목에 조차떡은 없어
목련나무 한 그루 벌 세워두고

동지 가까운 햇빛은 마루 밑을 밀고 들어와 벽에 붙고

나는 남향집 귀 떨어진 장롱에 등을 대고 앉아
묘법연화경 사경(寫經)이나 하고

---

*출출한데.
**차좁쌀떡.
**화롯불 위에 얹는 다리쇠.

겨드랑살이 으즙고 숡구나

야가 간간하네*

뭘 그렇게 많이 쓰냐?
상구 조반 안 먹었니?

난 좀 떠먹었더니 얹힌다

고구마는 파근파근해야 제 맛인데, 찌찌한 게 맨탱이다**
뭐이 무들무들한 게 치받치니 요기 좀 맨져봐라

사관***을 놔야 할라나,
매가리가 없구 사지가 느른하구나

날이 올라는지
뭘 잡을라믄
손아구가 숡구
저드랑이 으즙어

저 봐라!

금방 컴컴해지네
한 쏘내기 할라나 부다.

---

* 조용하네.
** 싱겁다.
** 체했을 때 양손의 합곡혈과 양발의 태충혈에 침을 놓는 혈자리.

어머니는 입으로 옥(獄)을 지어

어머이는 살아서 입으로 옥(獄)을 짓구,

실컹 위에 혼을 타구 올라앉아
해마둥 아들을 태워줬지.

어머이는 참으로 대단했어.
돌아가세두 대단했어.
살아서 지은 말을
죽어서두 지키던데,

말두 많구 탈두 많구
그 얘기 썼던가?
내 얘기가 시(詩)가 됐어?

제2부

저승의 소문을 이승에 냈네

고재라던 오춘이 떡하니 아들을 났네,

우리 어머이가 처녀포대기를 해주구 비단옷을 해 입히구
애기를 업구 일부러 그 집 오랍뜰*루 지나댕기라네
약을 베짝 올리라는 거지

아부지하구 삼춘하구 사랑에 데래다가 봤다는데
고재는 그냥 보믄 알겠나?
사용을 못했으니
그냥 둔 게 고치 같겠나?

내가 여기꺼정 소문을 냈네

거기하구 여기가 어디야?

거기는 저승이구
여기는 이승이자나

---

*주변 풍경

사랑은 딴 채

클 적에는 벨나게 귀염을 받았지
이웃집 할아버지덜이
양말을 사다 신키구
고무신을 사다 신키구
춤을 춰봐라
노래를 해봐라
할아버지덜이 사랑 여가리*에 올방지**를 치구 앉아서
나를 얼르며 꽤며
귀엽다구 그랬지
머구내미 사는 할아버지는 우리 집에서 살다시피 했어
당신 손주들도 많은데
나만 양말을 사다 줬어
할아버지 사랑은 아주 딴 채거든
안에서는 굿을 해두 모르거든
이웃집 할아버지덜이 모두 뫼 들어서
날 귀애했지
부끄러운 줄두 모르구 춤을 추구 그랬네
그때 부른 노래는

통
소식을 모르겠네
하
쪼꼬매서 불렀으니

---

*가장자리.
** 책상다리.

귀신을 보려거든

제삿날 조상이 와서 음식을 먹는지 왜 그게 궁금했겐?

귀신을 볼라믄
까마구 집을 밑에서 후베 내서
불을 켜보믄 본다잖아.

내가 쪼꼬매서 동네를 잘 돌아 댕겠거든
작아두 울찌가 쎘지
으른들 몰래 까마구 집을 열어보구는
집에 와서
혼백이 올 때를 지달렸어,

자시가 되닌깐 상노인 한 분이 흰 두루매기를 걸치구 진짜루 들어서대.
그리군 상머리에 앉더니 절하는 사람을 골고루 둘러봐,
내가 웃방에서 다 봤지.

아 근데, 이 노인이 나랑 눈이 마주치닌깐, 얼룽 일어나 나가대, 내가 달레들어 문지방 넘어가는 두루매기를 붙잡았지.
막무가내루 뿌리치구 나가더라구,

까무라쳤다가 깨 보닉깐
으른들이 날 막 주물르구 있잖아,

그 뒤룬 영 못 보겠더라구,

아덜 눈에는 영험한 게 뵌다잖아.

그 먼발치

옛날에는 등잔이나 있나,
소깽이*루 고쿨불을 해놓구
할머이랑 삼을 삼는데,
삼촌은 고쿨 앞에서 얘기책을 읽구
그 먼발치에서 글자가 아른대구

뭐가 저렇게 말을 맨드나?
저 얘기는 어디서 나오나?
얘기책 읽는 목청은 왜 그리 좋은지,
얘기책 속에는 딴 세상이 있는 거야

우리 할머이두 얘기책을 좋아했어,
날더러 삼두 삼지 말구 글자를 배우래
삼촌 무릎 앞으로 바짝 다가들었지

삼촌은 나를 귀애했어,
하날 가르치믄 열을 안대
기억 니은에 아야어여를 붙여봐라

여물 끓이다가두 부지깽이루 써보구
그저 틈만 나문 언문(言文)을 익혔어

우리 할머이는 나만 얼찐하믄** 얘기책을 읽으래
할아버이가 가끔 눈칠 줘두 고매 씩***이야
냉중에는 할아버이두 본숭만숭****하시더라구,

어머이랑 할머이는 고쿨 앞에서 삼을 삼구
난 얘기책을 읽다가 시집을 왔지

* 관솔.
** 눈에 보이면.
*** 모르는 척.
**** 본체만체.

공부에 포원

집에 드나드는 복술* 할아버이가 있었지.
날 가르치면 뭘 해먹는다는데,
가지뒷다리 하나 안 가르쳤으니
귀엽다고 이뻐는 하면서
왜 날 안 가르치겐?

공부에 포원**이 졌어.

밑에 여동상을 가르치자구 바짝 우겼지.
동상이 보통학굘 댕기는데,
남들보다 잘 보이게 할라구 애를 썼어.

두루마길 해 입혀서 내보내믄,
얼매나 숫기가 읎는지,
집에서는 입구 나가다가
밖에만 나가믄 벗어 들구 가유.

골무 지어 오라는 숙제를 내주믄,

열 질씩 맨들어서 들려보냈어.
느 큰아버이가 보통학교 선상인데,
골무 짓는 솜씨가 좋다 그랬지.

갸는 부끄럼이 많았어.

그럼 뭘 해,
동상을 가르쳐 봐야
나한테는 소용이 읎떠라구,

공부 한번
원 읍씨 해보구 싶었어.

---

*박수무당.
**마음속 원망.

노루목에 살던 여자

아부지는 다른 여잘 봤어,

인제 나가는 노루목에
텃말 마누래가 하나 있었지

동네 구장*을 보니
오다가다 들리는 거야

오다가다 한잔하구
오다가다 여잘 보구

아두 못 낳는 여자
즈 친정어머이하구
노루목에 살던 여자

아부지는 어머이보다 나이 적은데
다른 여잘 보더라구

---

* 이장(里長).

상상등

상상등이라구 등강이 질어.
사태가 지다랗게 뚝 떨어져서
비탈인 게 놀기가 좋아.
거길 만날 나가 놀았는데
모래자락이 피언하게 멀었어.
썩 떨어진 모래자락 끝에는
잣나무가 섰구,
밤나무가 섰구,
조반 먹구 나가 밤 주워 먹구,
즘심 먹구 나가 잣 깨 먹구,
야가 어딜 나가 댕기나
한창 클 적엔 괜이루 허출하잔*?
지낙때**가 되믄 어머이가 찾지.

---

* 허기지고 출출하다.

** 저녁때.

난 우습게 컸어

삼촌은 장개들구 노* 밖으루 나가 도니
작은어머이가 날 자꾸 친정엘 데레가네.

서낭이 섰는 강 여가리를 뼁뼁 돌아가는데
하답을 건너구 중답을 건너구 말죽은 나들이를 건너구,
배두 많이 타구 강두 많이 건너구
영동고갯마루에 올라스믄 그 집이 보였어.

우리 작은어머이 오빠는 노 방 안에 누워 날 귀엽다구 했지.
비행기가 첨 떴는데 방 안에 누운 불구자가 비행기를 보겠다니까 옆집 아저씨가 덜렁 들어서 마당에 털썩 내놨네.

불구자가 딩겁**을 하구 거진 죽는 소리를 치는 거야.
어디 다리가 부러졌겠는데 옆집 아저씨가 '이런 마한 놈!' 하며 머리통을 한 대 후레갈레,
내가 그 겉에서 얼찐하다*** 홍겁****을 했지.

그런 북새를 치구,

날 맞이라구 귀엽게는 키운다는 게 나쁜 것만 뵈키잖아.
쬐꼬만 눈에두 우스운 일이 많더라구,
난 참 우습게 컸어.

---

*항상.
**크게 겁을 먹다.
***기웃거리다.
****혼이 빠지도록 겁나다.

내외지간

내외지간두 그래, 연분이 아니믄 못사는 게야.
우리 작은집 오춘댁을 보믄, 절에서* 은었다가 또 절에서 은었어.

오춘이 장개를 갔는데, 귀한 집 딸이라는데 왜 그리 낯이 읎는지,
자꾸 헤지겠다구 하니 안 살구 보냈잖아.

오춘이 혼자 살다 마루집이라구 어디 갔다 온 여자를 눈에 반했네.
장개를 들겠다니 부모네가 허락을 했지.

서루 만내서 사는 데 뜻이 좋아.
그 마루집 아주머이가 나를 자꾸 오라 그래네,
빨래를 붙잡아 달라, 뭘 해 달라, 본떠보잖아.

절에서 시집갔다 온 걸 또 시집을 오니 본 시집에서 좋다고 하겠나,

그렇지만 할 수 없지 뭐, 즈들이 뜻이 좋은 걸 어트게 겐?

본 시집은 꼴 뵈기 싫으니 안저울루 이사 가구
오춘은 여태꺼정 잘살아.

난 쪼꼬매서 그런 것만 봤어.

---

*한동네에서.

매 심부름 하느라 애가 말랐어

할머이가 작은아들의 손주딸을 데레왔는데
어머이가 밥 먹을 때 미움을 주대.
할아부지가 주발의 밥을 반을 덜어서 물그릇에 붓구
할머이한테 썩 밀어줘.
그래니 할아부지는 배가 고프지.

삼촌은 자꾸 내빼서 회령으로 가믄 일 년씩 있다 오구
갔다 오믄 회초리 맞구 매를 맞아두 또 가유
작은어머이 혼자 아덜 키우느라 고생이 많았지.

만날 회초리 해다 바치구,
만날 종아리 맞는 거 보구,
좀 가지 말았으면 좋겠는데,
매 심부름하느라 내가 아주 애가 말랐어.

우리 작은어머이가 집안으루 봐서두
우리 삼촌하고는 마이 찌울렀어.
친정오빠는 배냇병신이지 동생 하난 일어나지두 못하지,

안둘이라는 데 사는 고모가 귄을 일렀어.
그때는 데레오믄 고만이야.
어트게 고칠 생각두 못하구,
늙어 죽을 때까지 기냥 사는 거야.

아마두

뽕나무 새순이 나온 걸로 때리믄 무자게 아프잖아
예전엔 권애비* 말만 듣구, 덤벅** 혼인을 시켰는지,

저 회령으루 영동으루 달아났다 들어오믄
뽕나무 회초리루 종아리를 맞잖아,
어머이래야 말리지, 말릴 사람두 읎써.

뷁에서 일하다가 때리는 기수***만 나믄,
쪼차 들어와서 회초리를 뺏어 꺾어 버려.

메누리가 뺏으면 수련히 내놓는 걸……

우리 삼촌은 쌈두 잘했어.
여차하믄 작은어머이를 때리는 거야.

할머이는 겁이 나서 도망가구,
때리는 기수만 있으믄, 어머이가 들어가 말렸어.

그래두 어트게 아는 낳는지 몰라
우리 작은어머이 고상 마이 했지.

얘기책두 잘 보구,
목청두 좋구,
쌈두 잘하구,

아마두
어디 밖에 나가서 애 만들어논 거 있을 거야.

---

*중매쟁이.
**덜컥.
***기미.

뽕나무 회초리

그때는 말이 오가믄 보지두 않구 혼례를 치뤘잖아.

작은어머이를 턱, 데려오니
삼촌은 내뺐어.

회령인지, 원산인지, 만주 어디라구두 하구,
붙들어 오면 내빼구
내빼구

가, 작은 아범 오라 그래라!
회초리 해 오라네.

뽕나무 가지를 꺾어서 척척 치는데
웃방에서 내려다보니 못 보겠더라구,
어머이가 달레들어 회초리를 뺐었지.

만날 내빼는 삼촌의 긴 머리를
얼개로 따서 빗기다가

어머이두 골이 나는지 얼개등으로 골을 후려치대,

갈라 가르치지
왜 하나만 가르치겐?

삼촌을 공부라두 가르치믄
안 내빼잖겠나?

찾아다 노믄 또 갈라구 움직기리구

세간을 내놨더니 어트게 붙어 있어서
아는 느이나 낳구 살았지.

내가 쪼꼬매서 봐두
참 답답하더라구.

외솔백이가 있는 방축

말구리 고개 그 너머는 방축*이 있었지.

아주 묵어서 딱지가 더덕더덕 붙은 큰 아람드리 외솔백이**가 방축머리에 서구,
모래자락이 있구,
큰 바우가 있구,
아덜은 빠져 죽는다구 못 가게 했어.

피언하게 널린 모래자락 너머루 뮈서운 강물이 곱돌아 나가구,
풀고비는 도랑 옆으로 시퍼렇게 올라오구,
고비랑 참나물이 눈이 모자라게 펀펀했지.
외솔백이가 있는 거기가 말캐*** 참나물 밭이야.

사람이 안 댕겨두,
우리 할머이가 가믄, 고비랑 참나물을 한 임 이구 오시지.
펀펀하게 널렸으니 벅벅 뜯으면 금방 한 보따리야.
우리 할머이는 동네에서두 울찌****가 쎘지.

거기 빠지믄 죽는다는데,
풍광이 꽤 볼 만해서
으른들 몰래 많이 갔어.

---

*발죽
**크고 오래된 소나무.
***모두.
****성품.

응뎅이 짓

나 어려서는 아무것두 몰랐어
응뎅이 짓*을 하구, 애들 시늉을 하구,

내가 맞이루 나서 집안에 아가 나밖에 읎었꺼든.
내 밑으루 아들 둘 낳는데 다 죽구,

내가 뭐라 그래두
삼촌이구 아부지구 할아부지꺼정 다 받아줘.
다 곱다 그래.

우리 아부지가 구장이거던.

우리 아부진 정신이 좋아서
동네일을 왼금**으로 다 봤어.

우리 어머이두 손이 여물어
뽑해 댕기민 일을 했어.

원대리서 조구장네라믄 다 알아주지.

호가[***] 났어.

울찌가 쐤지. 뭐,

*웅석.

**암기.

***유명세.

얼떡집 할멈의 군서방질

가만 누워 생각하믄
등강에 나가 놀던 생각이 나

얼떡집 할멈은 다 늙은 게 서방질을 했어
거기가 군내가 나는지 개루운지 어쩐지
왜 가만두지 않구 쑤석거리는지 몰라

등강에 올라가 놀믄
그 집 뒤란꺼정 다 보이구
방문 따는 것두 다 보이구
애덜 적엔 왜 그런 게 궁금한지 몰라

어머이한테 가서 일르믄
니가 봤니?
그년어 할멈 행실이 그래
버릇이 아주 나빠!
욕하는 거 볼라구 자꾸 일르네

으른들두 다 짐작을 하던데
얼떡집 할멈이 서방질 하는 걸 그 서방은 왜 모르지?
왜 거길 가만두지 못하지?

클 적에두 너저분한 거 다 봤어
늙은이래두 깨끗지 못하구, 추하게 구는 게
애덜 적에두 그게 밉던데

일러줄까 말까

얼떡집 할멈은 어리떡에서 살다 왔대서 얼떡집이야
즈 딸은 저 더드미에다 시집을 줬어
딸들두 즈 에미가 군서방질 하는 눈치를 알구는
어머이를 미워하드라구
그 아들은 동은이야
공부두 잘하구 일두 잘해
그런 아들을 두구두 서방질을 하잖아
그 집 앞에 샘물이 있구 말방앗간이 있어서
우리두 그 샘물을 여다 먹느라구 만날 거길 가지.
덕산집이라구 곁에 있는데 물레방아를 보잖아
내가 등강성에 올라가 놀다 보믄,
덕산집 할머이는 방앗간에 나가 방애를 보구
얼떡집 영감은 일하러 밭으루 나가구
그사이 그 할멈이 덕산집 늙은이를 불러들여.
그걸 보구 내가 본숭만숭하면 어때?
꼭 지키구 있었네.
한참 있다 나와서 덕산집 늙은이는 즈 집으로 가구
덕산댁은 방앗간에서 방애를 보구

그년어 할멈은 왜 그따우 짓을 하지?
그러니 그때만 그랬겐? 집만 비면 그랬겠지
내가 쪼꼬만 게 일러줄까? 그 생각도 했어
그년어 할멈 살았나 죽었나 모르겠네
아직 안 죽었을껄
서방질을 하는 게 그러케 빨리 죽겐?

흰소리

고서방네 할멈이 우리 오춘을 고재라구 숭을 잡구 딸을 빼갔어.

즈네 집 옆방에 다른 홀애비를 불러다 두구 소문을 냈잖아.

고재라구 병신이라구……

그놈의 호래비가 충충 댔겠지.

아부지하구 삼촌이 사랑에 오춘을 데려다 벳기구 봤잖아.

멀쩡하더래

그래니 고재라구 소문을 내놨으니 어트게 겐?

오춘 아저씨 수양아부지가 어디 한번 갔다 온 여자를 데래왔어.

살아보구 고재믄 가구 아니믄 살아라!

살아보니 고재가 아니거든,

우리두 흠이 있으니 갔다 왔어두 받아드랬지.

한번 살아보더니 옷을 한 짐 지구 왔더래

사는 데 멀쩡히 애를 가졌짜나,

우리 어머이가 일두 빠르구 입두 빠르구 대단해

멀쩡한 사람을 고재라구 잡았으니 뒈지라구, 그랬네.

새동서한테는 비단옷을 해주구, 비단 이부자리 해주구,

자식 낭구 멀쩡히 살으니 흰소리만 하지 뭐,
그것들은 아주 낯이 읍찌
시나루* 패리구** 꺼주해지더니*** 살지도 못하구 죽더라구
죄를 받아서 죽더라구

---

*은연중에.
**살이 빠지다.
***몰골이 흉하다.

빨래터에 불던 바람

바깥덜이 딴 여잘 보믄, 안덜이 틀어지지.
개울에서 빤히 마주 앉아, 보기만 하믄 욕이야.

저, 오라질노무 간나!
어딜 상판때길* 들구 기 나왔냐?
자기 신랑이 들어왔지 뭐, 지미 뭐,

저, 베라먹을노무 간나!
타개진 입이라구 주댕일 놀려?
이런 주릴 할…… 빨래방추 가트니라구
자기 신랑이 나뿌지 뭐, 지미랄……

같이 건너다 보구 그래믄, 보기가 아주 마했어.
아주 민구시루와
서루 벨 탈 없던 걸, 왜 망가뜨려 놓켄?

누구라구 말은 못하구,
한동네서

내 원 참!

빨래하러 나갈라믄 욕하는 거 뵈기 시러.

---

*얼굴의 비속어.

삽작골에서 생긴 일

지저분한 걸 잘하는 먼 족간 아재가 있었어
이웃집에 애두 보구, 물두 펴 들이는, 데래온 딸이 있는데
좀 컸지 뭐,
모래자락으로 데리고 가서 놀더라니깐
아재가 와서 애 업은 걸, 애를 내려놓구 숲으로 끌구 갔어.
내려논 애는 막 울구
할머이한테 쪼차가서 일렀지.
그 마한 놈이 왜 그래냐?
끌구 와라!
할머이가 오래!
왜 오래?
가지두 않더라구,
할아부지가 데려다가 혼쭐을 냈어.
이 노무 자식! 어디서 그 따구 행세를 하니?
너 그래믄 장가 못 든다.
할머이가 나더러 방해를 놓으래.
그 젙에 가서 막 볶아치구 돌아치구 그래래.
되너리 고개 그 외딴 데 사는 할아부지는 아무것두 모르구,

아재는 어두운 구석에서 그런 짓만 하구,
그래두 우리 어머이는 뭐서워서
가서 엄마한테 이르지 마라!
내가 여기메서 이랜다고 이르지 마라!
개바닥에 내래와서 실컨 놀다가
해가 지믄 되너리루 올라가지.
그때는 참, 답답하구 어두운 일이 많았어,

아버지는 여장을 하고

우리 집 마당에 오랜 참배나무가 썩은 토막만 남았는데
으른들은 그걸 그냥 두더라구,

느 집에서 쥔이 들어오구 쥔애비가 오구가구 나는 문 밖에를 안 나가니,
느 아부지가 즈 누이덜 옷을 입구, 수건을 쓰구, 외갓집 뒷산 밤나무 꼭대기에 올라가서 뒤란에서 왔다 갔다 하는 나를 봤대.

그리구 나더니 느 집에서는 큰아부지가 상각을 오구,
우리 집에서는 작은아버이가 하각을 갔지.

시집을 가보니 ㅁ자형 큰 집에 너른 대청마루가 있구, 사랑이 세 칸에 머슴들은 아랫사랑에 살구, 건넌방에 큰아버지 큰어머이가 있구, 안방에 할아버지 할머이가 있구, 나는 웃방을 주더라구.

건넌방이 비었는데 왜 날 설거지방을 주겐?

느 작은고모가 내 빼닫이를 훌떡 뒤져서는, 애기책을 끄내서 할머이 할아버이한테 갖다 일렀네. 풋새닥이 잡기책을 들구 시집왔다구, 으른들한테 되알지게 핀퉁아리*를 들었어. 느 작은고모는 시집을 갔어두 노 친정에 드나들구, 큰고모랑 할머이 옆에서 애실애실 내 숭을 보구, 아주 예격스럽더라구**

애기책을 들구 시집을 간 게, 뭐이 그러케 숭이겐?

그래두 느 큰고모는 음전하구 념렵하니 말이 읍써, 천상 호인이지.

시방은 어트게덜 사는지 몰라

시방두 그러케 살겠지?

---

*핀잔.

**원망스럽다.

오동나무 머릿장

나보다 농이 먼저 들어갔네. 시집가니 웃방에 갖다 놨더라구. 그때는 머릿장이면 최고야. 외할아버지가 머릿장을 해줬지. 양단이불에 할아버지 덧저고리 할머니 치마저고리 여벌로 치마 하나씩 가져가서 큰엄마 고모 드랬지. 내가 골무 두 벌 지어서 농 밑에 넣어 갔지. 한 죽이 열 개거든. 반 죽씩 두 개를 지어갔는데 고모가 옷 구경시키구 골무를 하나씩 나눠주더라구. 그 동네선 내가 최고로 잘 해왔어.

나는 아부지가 구장을 했거던. 목수한테 머릿장을 짜서 해왔는데 옛날에 그만큼 한 사람이 읎써. 그땐 산골이라 시집갈 데두 읎구, 인제읍을 나가야 하는데 그래진 못하구, 그때느 집이 부자였지. 학교 앞 논이 말짱 느 집 논이야. 우리 집에선 땅 많은 부잣집이라구 날 자청하구 줬어. 그런데 시집가자마자 일본정치 때 난리를 만났네. 그래니 논이구 뭐구 다 생각을 못했지 뭐.

느 아부지는 일본정치 때 만주를 나갔다가 장질부사*에 걸려서 거진 죽다시피 한 게 와서는 헷소릴 하믄서 앓아대는

데, 구들장이 타두룩 불을 때두 덜덜덜 떠는데 사람두 못 알아보구 다 죽는다구 그랬어. 할머이가 복술을 불러다 빌구 정을 읽구, 정화수를 떠놓구 빌구, 좋다는 약은 다 쓰구, 그중에 뭐가 소암을 봤는지 그래두 용케 피해났어.

* 장티푸스.

첫 국밥

첫아를 낳구
국밥을 뜨는데
대문 앞으루 행상*이 나가자나.

시어머이가
내다보더니

—에이구, 느 어머이가 오늘 기에 가는구나!

국밥을 못 넘기구

아 낳구 울믄
안 된다는데,

어머이가 가니
목이 메이지……

---

*상여.

어두운 숟가락

어머이는 머스마를 둘이나 낳았지

햇아를 젙에다 뉘이구
밥을 멕이는데,

뭐가 못나떵해
숟가락을 뒤로 둘러맸네

숟가락이 떨어지며
햇아가 죽었어

옛날엔 왜 그리 어둡지?

가만있었는데

첫아 죽은 걸 해돋이에다 묻으믄 다시는 아를 못 낳는다잖아

샘치골로 올라가 보니 진짜 해돋이에 아를 묻었어

괭이를 들구 구덩이를 파는데 뭐가 콱! 찍히며 골이 벌어지대

내 가슴이 쩍! 찍히는 것처럼 미어져

아기 빼다구를 잘 그러모아 포대기에 싸서 다시 묻었어

어머이두 가구, 첫아두 가구

슬그머니 울뚝벨이 치구 올라와

신질루 외갓집으루 가서 벽에 걸린 성주단지*를 잡아챘어.

뒷간 똥통에다 집어 너쿠, 똥바가지루 콱콱 쑤셔 박았지.

할머이가 놀래가지구

야가! 야가! 하더니 말을 못해

참 나두 어지간했지, 그래 노쿤 걱정이 좀 되긴 했는데

오 년 있다가 큰오빠가 들어서구, 또 있더라니깐 상희가 생기대

그 담에 둘은 가만있었는데 지가 생겼잖아

집이가 몸이 다른 거 같애, 이번엔 딸을 낳을 거야

절에서 아는 소리를 하더라구

가로리 미군부대 있는 데서 절 가졌지.

아부지가 손수 집을 짓구 잘 먹구 지내다가 인제루 이사 갔지

그때는 먹을 게 잘 생기더라구

---

*신주단지.

담붓

내 밑으루 머스마 동생을 봤는데
아홉 살에 외갓집 소 있는 데 가 놀았어

갓 난 송아지가 귀여워서 만지는데
아, 그놈의 소가 아를 들이받아
몇 길 나가떨어졌잖아

그런 걸 약을 안 멕이구 그냥 뒀네
아는 자꾸 울구
지침을 칵 하더니 고름을 뱉짜나
업어 줄라구 허리띠를 꽉 졸라매는데
가슴이 톡 불거진 게 등에 받쳐

의원을 데래다가 담붓*을 줬지
고름이 칵—
내뺕치잖아
속으로 왜 안 덧났겐?

그 어린 게 잠두 못 자구,

머리맡에 앉아서

잠덜두 씩씩 잘두 자누나……

한탄을 하더라구

쏘꼬매시 난 건

숟가락에 죽구,

꽤 큰 건

소에 받쳐 죽구,

그러니 머스마가 읎짜나

딸만 느이자나

＊불에 달군 쇠바늘로 상처부위를 찌르는 민간요법.

어머니의 어머니의 어머니는

그 잡놈으 영감이 아들 못 낳는다구
작은 메누리를 들여놨어.

내외지간은 뜻이 좋은데, 그 놈으 영감이
애 가진 큰 메누리를 따루 내놨네.

개구멍으루 딴 사나가 드나든다구
시앗이 우리 외할머이를 잡았네.

개구멍에다 천 쪼가리를 씌운 작대기를 걸쳐놓구
그게 움직이믄 딴 사나가 드나든다나 어쨌다나,

개가 드나들다가 그 작대기를 툭 쳤네.
그짓뿌렁을 뒤집어쓰구 외할머이는 약을 먹었어.
간수 마신 복주께를 주앙 앞에 폭 엎어놓구,
어머이만 냉게두면 스름 받는다구
감발*루 목을 매서 횃대에다 달아맸대.

일꾼이 모 심다 말구 들어오다
외마디 소리를 듣구 뛰어들어 감발을 풀어 던지구,
쌀뜨물을 씻어 외할머이를 먹이니 이미 죽었더래.
횃대에 매달렸던 어머이는 늦은 젯노리 때 피어나구,

인제 샘말이 외갓집이야.
어머이는 샘말 사는 외갓집에두 가서 크구 이모네두 가서 크구, 여기저기 댕기민 크다가 아부지한테 시집을 왔지.

어머이가 할머이랑 삼을 삼으면서 다 얘기하잖아.
그 얘기 듣던 우리 할머이도 울었어.
무슨 놈의 영감이 아들은 가만있는데 작은마누래를 읃어 주겐?

---

*버선 대신으로 발에 감은 좁고 긴 무명천.

박훈

애기 가진 산모가 죽으믄 따로따로 묻어야 된다자나

어머이가 자꾸 엄마 찾으며 우니까
밑에 사람이 어머이를 업구 가서
배 가르는 걸 보였더니
다시는 안 찾더래

배를 가르니깐 허연 아들이더래

작은마누래두 아들을 낳았다나

그 잡놈으 영감이

우리 외할머이 애기 가진 걸 따로 내놓구
동네 사람들이 자꾸 지껄이니까 또 들여놓구
작은 메누리가, 모함을 하니 그 말에 홀떡 넘어가구

느 외할머이는 이름이 외자야

박훈!

외자로 지어서 더 외로웠지

박훈 약전
—인희 이모

속곳

아들을 가지믄 속곳 가달이 다르다자나
한짝이 짤르구 한짝이 길다자나
물동우를 이구 가믄, 아무래두 한짝 손을 붙잡아야 하는데
그래믄 가달이 길구 짤를 수밖에 읎자나?
작은 시아부지까정 유심히 속곳을 디레다봤대
그래니 얼매나 스름을 받았겠어
그 얘길 어끄제 들은 것 같네

필례 이모

어머이가 애를 가졌는데 다 아들이래
아들은 새집에 가서 나야 한다자나
그래야 명이 질대
안삽재 살민서 샘말다가 집을 샀거던
그전엔 보는 게 만차나,
그때 할머이 할아버이는 이사 가두 되구
어머이 아버이는 가믄 안 된대
어머이가 산기가 있으니까, 시오리 길을 걸어갔어

산구완 하라구 음전이를 보냈지
거길 가서 암만 생각해두 아들 같지 않더래
딸을 죽 내 나믄 알아
아들하과 딸하과 아무래두 달라
온다 소리두 안 하구 다시 안삽재루 넘어왔대
안삽재 집으루 막 들어스민서 아를 났는데
그랬깐 딸이자나

발병

우리 어머이 열일곱 살 때 산에 뽕 따러 갔다가
뽕을 이구 베랑을 돌아가다 잘못 디뎌 내래 굴렀대
그때 돌하과 막 읍쓸래서 내래 굴었는데 가슴을 맞았대
열일곱 살 때 부끄러워 말두 못하구
좀 지내믄 괜찮아지구 하다가 서른 몇 살이 됐는데
안삽재 뵐이 널러서 뵐에서 떡을 쳤어
어머이는 부강지에 앉아서 손을 쬐는데
등어리가 갑짜시리 따끈하더래
—아이유, 왜 이리 때리느냐구?

—저 아주머이 좀 보게, 떡을 치지 아주머이를 왜 때리냐구
떡매루 후려치는 줄 알았대
그렇게 시눔시눔 삼 년을 꼬박 앓았대
그런데 그게 어트게 된나 하믄,
저드랑 밑에 쥐가 기는 거같이 수물수물하대
고름인가 봐,

통역

그때가 왜정 때자나
할아부지가 아부지랑 수술 할라구 인젤 데리구 나갔어
일본 의사니깐 말을 몰르니깐
우리 어머이 오라버이 아들이 있어
그 사람을 데레다 통역을 해가지구 수술을 했는데
팔이 오그라붙었어
머리를 못 빗구, 비네 못 찔러
치마 말기두 돌리질 못해서 할머이가 꼭 입해주구 그랬어
그래니 머리는 아주 삼단 같애,
할머이가 머리를 빗게 주구 그랬어

누워서 앓는데, 속에서 점점 병이 생기나 봐

서른아홉

아부지가 또 구장을 하자나
나는 학교 댕기느라구 할머이를 그들지 못하구,
사람덜이 면서기덜이 자꾸 오니깐
할머이가 혼자 밥을 못해 댔어
나는 그때 어린 게 뭘 알아
애들이 고무줄 하러 나오라 그래긴 하지,
어머이는 머리 이 잡으라 그래지,
그냥 손톱으루만 살을 찝어서 콱콱 눌루구
아주 나가구 싶어서 죽겠더라구
속 안으루다가 아휴! 왜 빨리 안 죽느냐구……
지금 그게 얼마나 후회가 되는지 몰라
그래다가 내가 열두 살 먹어서
칠월칠석날 어머이가 돌아가셨어

민며느리

나하과 동갑짜리 수양딸을 아부지 앞으루 읃어 왔어

그래 봐야 열한 살 먹은 걸, 그깐 늠으께 뭘 하겠어,

그냥 쪼꼬만 일이나 그들었지

그거싸나 민메누리라구 총각 하날 들옜어, 이름이 병호야

정자리 저 아주 산골짜기서 데래왔는데 아주 못살았어,

스물 서너너덧 됐을까, 그 사람은 바깥일하구

갸는 집안일을 하구, 그렇게 키워 잔칠 해줬어

예감

어머이가 알르믄서 한 말이 있어

—내가 죽으믄 저 실겅 꼭대기 앉아서 해마둥 아들을 낳게 한다구

할머이두 듣구 나두 들었어, 그래는데 할머이더러는

—그냥 갔다 묻지 않을라믄 술을 해 느라구,

칠월 달인데 어머이가 지하실에 술을 해 느래

그때는 일본 사람이 다 뺏어가니깐, 마루 밑에 지하실을 파구 감췄어

할머이가 지하실에 술을 해 느쿠 그럭저럭 먹게 되니깐

돌아가시더라구
오래 앓으니깐 죽을 날두 아느 거 같애

해결사

조장애라구 원대리서 아주 말썽을 부렌 사람이 있어
사람덜이 그걸 해결 못하구 그래믄,
우리 어머이가 나서서 해결하구 그랬어
글만 좀 배왔으믄,
증말, 참 어지간할 사람일 텐데……
우리 어머이 참 아까운 사람이야
서른아홉에 돌아가셌어
아홉수를 못 이기구 돌아가셌어

먼골

저 먼골루 올라가서 공동묘가 있어
내가 따라갔는데
아주 갚팔라서
행상을 밧줄루 딜아 올렜기든,

그랜데 거그메 서니깐 장수터가 환이 내래다보여
그때 할아부지가 그랬거던
—아유 경치는 좋다 야!
그때 갔다 오군 여태 못 갔거던

벌초

작년엔가 갔는데
원대리 이모부가 해마둥 벌초를 한대
아들덜두 델구 가서 하긴 하는데
내 대나 하지, 애덜한텐 못 시키겠다 그래더라구
그렇지 뭐, 애들이 누가 하라믄 하겠느냐구
그래 하지 말으라 그랬어
이젠 묵어두 할 수 읎구
근딜질 말구 가만 놔두믄
아무 이상이 읎다니깐
여태꺼정 해주는 것만두 고맙지
여느 사람덜이야 누가 생각이나 하겠어

해설

애절한 진경(眞境)

이홍섭(시인·문학평론가)

1. 삶의 실상과 뜨거운 언어

박재연 시인은 그동안 누구보다 뜨거운 언어와 밀도 높은 사유로 충전된 시를 발표해왔다. ‘몸의 언어’와 ‘존재의 심연’에 대한 참구를 기반으로 한 이러한 세계는 우리네 삶의 실상을 있는 그대로, 힘 있게 드러내 왔다.

두 번째 시집 『지네』에서 진경을 펼쳐 보인 이러한 세계는 이번 시집에도 그대로 이어져 존재의 심연과 삶의 실상을 여지없이 드러내 보인다. 특히 이번 시집은 인간의 가장 큰 고통인 생로병사(生老病死)와 애별리고(愛別離苦)의 실상과 전면으로 맞닥뜨리고 있어 ‘애틋함’과 ‘처연함’이 곳곳에서 교

차하고 있다.

시인은 마치 기록자처럼 어머니의 마지막 모습을 있는 그대로 그려내면서 인간에게 있어 기억과 언어가 무엇인지, 이것들의 사라짐이 무엇을 의미하는지를 참구한다. 이번 시집이 각별한 것은 이 참구가 "나의 경전"이자 "나의 기원"인 어머니를 통해 고스란히 이루어진다는 점이다.

엄마!
그래 나간다

세상으로 나온 문이 집에 있다
태초의 경전이 집에 있다
가슴이 뛴다

마음 놓고 어머니를 부를 날이 많지 않다
그날이 많지 않다는 걸 감(感)으로 안다

엄마!
현관문을 열어주며 환히 웃는
호물때기 골짜기

나의 경전
나의 기원

엄마가 문을 열어준다

마음 놓고 소리친다

엄마—

—「세상의 기원」 전문

시인은 "마음 놓고 어머니를 부를 날이 많지 않다"는 것을 안다. "그날이 많지 않다는 걸 감(感)으로" 알기 때문에 "엄마!"라고 부르는 목소리는 더욱 애절하다. 시인은 곧 다가올 어머니와의 이별을 앞두고, 애별리고를 온몸으로 받아내며 나리는 존재의 경전이자 기원인 어머니의 마지막을 시로 기록해간다. 이 작업은 누구나 할 수 있는 일이 아니다. 시의 언어는 늘 실상과 무게를 견주기 때문에 고통의 전이가 그 무엇보다 빠른 언어이기 때문이다. 시인은 이 고통을 감내하면서 마침내 온전히 어머니가 주인공인 한 권의 시집을 만들어냈다.

2. 기억과 망각, 그리고 여성

인간의 기억은 단순히 과거를 집약하고, 회상하는 데만 머무르는 것이 아니라 지금 현재를 살게 하는, 존재의 근거로서의 역할을 해낸다. 시인은 이 기억을 "어머니 떠나실 때/압축파일 주머니에 큰 뻥 하나 넣어드렸다”(「큰 거짓말」)라는 구절에서처럼 “압축파일”이라고 명명한다. 이번 시집의 많은 부분을 차지하는 기억의 향연은, 치매 증세로 기억을 잃어가는 어머니와 어머니의 기억을 붙들어 매고 싶은 딸(시인)의 간절함이 빚어낸 것이라 할 수 있다.

어머이는 살아서 입으로 옥(獄)을 짓구,

실컹 위에 혼을 타구 올라앉아
해마둥 아들을 태워줬지.

어머이는 참으로 대단했어.
돌아가세두 대단했어.
살아서 지은 말을
죽어서두 지키던데,

말두 많구 탈두 많구
그 얘기 썼던가?
내 얘기가 시(詩)가 됐어?

—「어머니는 입으로 옥(獄)을 지어」 전문

그 잡놈으 영감이 아들 못 낳는다구
작은 메누리를 들여놨어.

(중략)

일꾼이 모 심다 말구 들어오다
외마디 소리를 듣구 뛰어들어 감발을 풀어 던지구,
쌀뜨물을 씻어 외할머이를 먹이니 이미 죽었더래.
횃대에 매달렸던 어머이는 늦은 젯노리 때 피어나구,

인제 샘말이 외갓집이야.
어머이는 샘말 사는 외갓집에두 가서 크구 이모네두 가서 크구, 여기저기 댕기민 크다가 아부지한테 시집을 왔지.

어머이가 할머이랑 삼을 삼으면서 다 얘기하잖아.
그 얘기 듣던 우리 할머이도 울었어.
무슨 놈의 영감이 아들은 가만있는데 작은마누래를 읃어 주겐?

—「어머니의 어머니의 어머니는」 부분

위 두 편의 시는 이번 시집의 주인공인 시인의 어머니가 자신의 기억 중 가장 고통스러웠던 부분을 토로하는 내용을 담고 있다. 이 시들이 잘 보여주듯, 이번 시집에 실린 시들은 강원도의 척박한 산골에서 태어나 봉건의 어둠이 채 가시지 않은 시대를 살다 간 한 여성의 모질고 애절한 삶을 바탕으로 하고 있다. 시인은 「어머니는 입으로 옥(獄)을 지어」, 「어머니의 어머니의 어머니는」이라는 제목에서 알 수 있듯이, 어둠의 시대를 살다 간 선대 여성들의 삶에 대해 깊은 연민과 애처로움을 품고 있다.

그러나 이 연민과 애처로움이 과하거나 넘치게 느껴지지 않는 것은 시인이 자신의 감정을 과도하게 투사하지 않고 어머니의 목소리를 있는 그대로 전달하는 데 치중하고 있기 때문이다. 시인이 스스로 정립한 이러한 기록자로서의 역할 때문에 이번 시집은 끝까지 시적 긴장을 유지하면서 한 여성의 삶을 유장하게 그려낸 한 편의 서사시로 읽힌다. 또한 시인은 자신의 고향이자 어머니의 고향이기도 한 강원도 인제군 지역의 사투리와 민속을 여성 특유의 섬세함으로 다채롭게 재현해 시에 리얼리티를 부여함과 동시에 기록적 가치도 배가시키고 있다. 시집 전체가 한 권의 방언집이자 민속집으로도 손색이 없을 정도이다.

시인이 기록자로서의 역할에 충실한 것은 앞서 언급했듯이 망각으로 빠져드는 어머니의 기억을 붙들어 매고 싶은 간절함 때문이다. 어머니가 망각에 빠져들수록 시인의 감정이입은 커지고, 반면 시는 간결해진다.

> 우리 할아버지 안 돌아가셨지?
> 작은어머이는?
> 삼촌은?

다 돌아가셨어요.

그럼 아무도 없짜나?

어머니는 세상의 처음에 당도했다.
지구별에 갓 입성했다.
살아온 기억은 다 잊고
예닐곱이 되었다.

(중략)

내 안에 내재된 많은 조상의 유전자들
나에게도 지금을 잊는 날이 올까?
무진 애를 써도 잊히지 않는 일
거짓말처럼 잊는 날이 올까?

—「예닐곱의 행성」 부분

어머니는 눈치와 불편의 거처를 털고
꽃피던 어린 날로 건너가셨다

(중략)

봄이면

갖가지 꽃씨들
압축파일을 열어
화면 가득
활짝 핀 날씨만 골라
저장한다

눈치와 불편을 털어내자
지상에서 가장 편안한 캡슐이 되었다
—「타임머신, 알츠하이머」 부분

위 두 편의 시로 미루어보면, 시인의 어머니는 알츠하이머형 치매를 앓은 것으로 추정된다. 치매의 절반 이상을 차지하는 알츠하이머형 치매는 기억력의 장애가 서서히 진행되다가 어느 순간 기억력이 뚜렷하게 저하되어 말과 행동의 장애가 오는 경우가 많다. 앞의 시에서 "어머니는 세상의 처음에 당도했다./지구별에 갓 입성했다.", 뒤의 시에서 "어머니는 눈치와 불편의 거처를 털고/꽃피던 어린 날로 건너가셨다"라고 표현한 것은 이 때문이다.

시인은 어머니의 치매 앞에서 "내 안에 내재된 많은 조상의 유전자들/나에게도 지금을 잊는 날이 올까?"라고 묻기도 하고, "눈치와 불편을 털어내자/지상에서 가장 편안한 캡슐이 되었다"라고 답하기도 한다. 기억과 망각은 각각 삶과 죽음의 영역에 속하지만, 치매 증세로 인해 살아있는 사람에게

서 교차하며 드러나는 이 두 영역의 혼재는 간호하는 사람들의 존재관과 세계관에도 큰 영향을 미친다. 최근 우리 시단에 치매를 소재로 한 시가 늘어난 것도 이 때문이라 할 수 있다.

3. 감각, 방언, 민속, 그리고 진경

시인이 삶의 마지막을 보내는 어머니와 함께하면서 어머니를 위해 선택한 길은 크게 두 가지로 보인다. 하나는 곧 맞이할 죽음을 될수록 가볍게 만드는 것이고, 다른 하나는 어머니가 간직한 감각과 언어, 그리고 살아온 삶의 세목들을 최대한 복원해내 과거와 현재를 이어나가는 것이다. 전자는 죽음에 대한 두려움과 고통을 줄이기 위해, 후자는 마지막 남아 있는 시간을 좀 더 삶 쪽으로 밀착시켜 '살아있는 느낌'을 최대한 유예시키기 위해서이다.

> 왜 자꾸 죽는 생각을 해
> 죽는 일이 가차이 와서
>
> 하늘에서 꽃가마가 온다고 했잖아
> 그냥 사뿐 발을 집어넣으면 돼

우하하하…… 하늘로 시집을 또 가냐?
나쁜 짓은 안 할라구 그랬지만
가마를 두 번 탄대면야 재취는 재철세

—「하늘에서 오는 꽃가마」 부분

야! 죽는 게 궁금하다
만구에 어째라는 건지 당최 모르겠다

아마 꽃가마가 당도할걸?
보고 싶은 사람들이 나래비로 죽 서서 가마에 태우고
구름 위로 사뿐 날아갈 거야

으하하하…… 그렇다면야 오죽 좋겠냐

—「큰 거짓말」 부분

위의 두 편의 시에서 죽음을 앞둔 어머니는 죽음의 순간에 대한 두려움을 토로하고, 딸(시인)은 "꽃가마"를 얘기하며 어머니의 두려움을 덜어내고자 애쓴다. 반복적으로 등장하는 이러한 모녀의 대화는 이번 시집이 애별리고, 즉 사랑하는 사람과 이별해야 하는 고통을 기저로 하고 있음을 환기시켜 준다.

시인은 어머니의 두려움을 덜어줌과 동시에 어머니가 간직한 감각과 언어, 그리고 살아온 삶의 세목들을 최대한 복원해내 어머니의 과거와 현재를 이어나간다.

종일 봄비 내린다

엄마! 저 빗소리 좀 따라해 봐
나는 적 부치는 소리로 들리네

여물어지게두 안 나구 웅웅대잖아
똑땍이두 안 나구 사방 울리는데 뭐

내 귀에는 짜작짜작 들리는데?

아니야
전체가 다 울려

(중략)

내 귀에는 아직도 빗소리가
짜작짜작
어머니 귀에는 여전히 빗소리가
웅웅웅

—「빗소리는 웅웅웅」 부분

심심한 어머니 뒤란 문을 열고 밖을 보다가
—골목이 벌써 그늘었구나!

(중략)

—속이 굽굽한데 우리 조차떡이나 궈 먹으련?

화롯불에 구멍쇠를 얹고 싸리나무를 건너지르고 밀을 발라 굳은 조차떡을 얹으면 싸리나무 진내가 조차떡에 배어들어 올록볼록 고소하게 부풀어 올라 생침을 쿡쿡 치는 그 맛을 어디서 불러오나

그늘은 골목에 조차떡은 없어
목련나무 한 그루 벌 세워두고

동지 가까운 햇빛은 마루 밑을 밀고 들어와 벽에 붙고
나는 남향집 귀 떨어진 장롱에 등을 대고 앉아
묘법연화경 사경(寫經)이나 하고

—「골목이 그늘었구나」 부분

앞의 시는 빗소리, 즉 청각이 모티브가 되어, 뒤의 시는 시각, 미각, 후각, 촉각 등 다양한 감각이 모티브가 되어 모녀의 대화가 이루어진다. 두 편 시의 공통점은 이러한 감각이 '여

기 살아있음'의 밀도를 높인다는 점이다. 어머니의 죽음 이후에 쓰인 것으로 보이는 뒤의 시에서 보다 더 많은 감각들이 동원되고 있는 것은 그만큼 어머니를 잃은 이후의 딸의 허기가 크기 때문일 것이다. 어머니가 즐겨 쓰던 언어를 보다 더 섬세하게 복원하는 것도 이 때문이다. '굽굽하다' '조차떡' '구멍쇠' 등은 이제는 쓰이지 않는 말이거나 사투리들이다. 이러한 말들은 위의 시들에서뿐만 아니라 시집 전체에서 다채롭게 사용되어 시를 풍요롭게 만든다. 지금은 사라진 민속이나 지역 고유의 민속을 소재로 한 시들 역시 이 풍요로움을 배가시키는 데 큰 역할을 한다.

서두에서 밝혔듯이, 박재연 시인은 그동안 누구보다 뜨거운 언어와 밀도 높은 사유로 충전된 시를 발표해왔다. 어머니의 마지막 모습을 있는 그대로 그려내면서 존재의 실상을 참구하고 있는 이번 시집은, 시인이 겸수한 뜨거운 언어와 밀도 높은 사유가 어디서 유래했는가를 잘 보여준다. 자연과 어머니, 그리고 몸이 하나가 되어 빚어진 언어와, 생로병사와 애별리고에 대한 깊은 사유가 만들어낸 애절한 진경이 여기에 있다.

이 도서의 국립중앙도서관 출판시도서목록(CIP)은 서지정보유통지원시스템 홈페이지(http://seoji.nl.go.kr)와 국가자료공동목록시스템(http://www.nl.go.kr/kolisnet)에서 이용하실 수 있습니다.(CIP제어번호: CIP2018026127)

시인동네 시인선 095
아버지는 여장을 하고

초판 1쇄 인쇄 2018년 8월 20일
초판 1쇄 발행 2018년 8월 27일
지은이 박재연
펴낸이 고영
책임편집 서윤후
디자인 헤이존
펴낸곳 문학의전당
출판등록 제2017-000002호
주소 서울시 마포구 마포대로 11길 91, 3층
전화 02-852-1977 팩스 02-852-1978
전자우편 sbpoem@naver.com

ISBN 979-11-5896-383-5 03810

* 이 시집은 2018 강원도, 강원문화재단 후원으로 제작되었습니다.